PETIT LIVRE

INSTRUCTIF ET CONSOLATEUR

PRIX DE CE PETIT LIVRE

Étant destiné à la propagande Spirite, ce petit livre est vendu aux conditions suivantes :

Un exemplaire : **30** centimes.
12 exemplaires : **3** francs.
24 exemplaires : **5** fr. **50**, *franco*.

LA LUMIÈRE

RÉVÉLATION DU NOUVEAU SPIRITUALISME

Organe des Spiritualistes Indépendants

Revue bimensuelle, sous la Direction de Lucie GRANGE

ABONNEMENTS : **6** francs par an pour tous pays.

Adresser mandats
à Jean DARCY, 75, boulevard Montmorency, Paris-Auteuil.

REMARQUE IMPORTANTE

La Lumière *n'est pas une entreprise particulière de spéculation.* Elle a été créée par les Esprits qui en ont confié la direction à une femme de bonne volonté. La Légion d'Esprits qui protège cette publication poursuit un but philanthropique, tout en établissant les bases d'une *Nouvelle Révélation.* Une souscription permanente est ouverte pour aider à la propagande du journal et le substanter, de manière à ce qu'il arrive à une périodicité plus rapprochée. Les fonds de la souscription excédant les besoins devront servir à des fondations généreuses ; et avec l'aide de Dieu, une grande *Alliance pour le bonheur humain* sera le résultat des efforts réunis de tous les alliés de « La Lumière. »

MANUEL DE SPIRITISME

Par Lucie GRANGE

Directrice de « La Lumière »

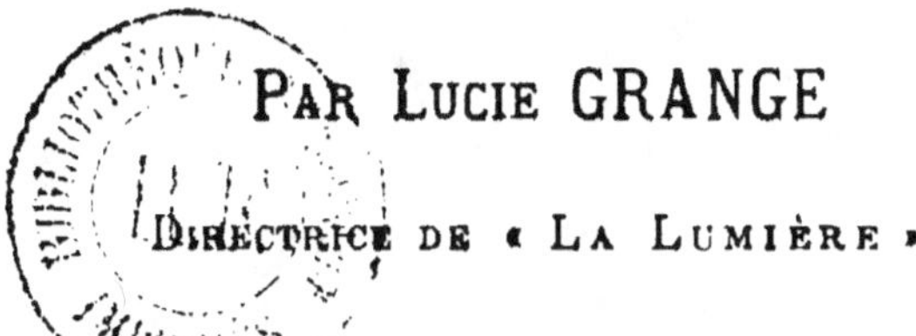

Je vais vous envoyer mon
ange qui préparera ma
voie...

Malachie.

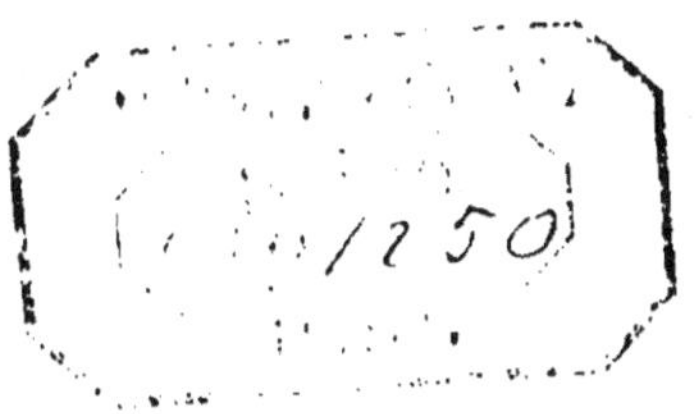

PARIS

Chez l'Auteur Boulevard Montmorency, 75

Et chez les principaux libraires

Tous droits réservés.

JE DÉDIE CE PETIT LIVRE

A TOUS LES HOMMES

DE BONNE VOLONTÉ ET DE CŒUR ;

JE LE CONFIE

A TOUS LES INVISIBLES MILITANTS

POUR LE BONHEUR DE NOTRE PLANÈTE.

Lucie GRANGE.

PETIT LIVRE

INSTRUCTIF ET CONSOLATEUR

I

LES VOIX SPIRITES DANS LE MONDE PROFANE

Considérations

Toutes les personnes ayant essayé, sous forme de jeu ou par amour de l'étude, de faire parler une table, en ont gardé une impression particulière.

Le négateur de parti pris a dit : « Voilà une chose étrange qui ne prouve rien, mais elle m'amuse ; » l'homme réfléchi a dit au contraire : « Voilà le secret dévoilé d'une nouvelle loi naturelle existante, et la preuve que des conversations se peuvent établir entre des êtres visibles appelés *vivants* et des êtres invisibles appelés *morts*. Le fait est digne d'observations. » Et ce fait est pour tous les deux si plein d'intérêt, quoique à un point de vue différent, qu'ensemble on les voit se placer autour du vulgaire et inerte guéridon, leurs mains posées à plat, sans effort, pour en obtenir cette merveille de coups frappés

à l'intérieur du bois, de balancements, de bruits
et de mouvements variés, et même l'enlèvement
du meuble au-dessus du parquet. En sa grande
raison, le matérialiste absolu loue la matière qui
produit ces phénomènes étranges, et, dans son
cœur, le spiritualiste admire et bénit Dieu qui
donne ainsi à l'homme une preuve de la survi-
vance de son être au delà de la tombe.

La table parlante a vu autour d'elle non seulement des personnes sérieuses, mais aussi des
énergumènes exaltés, des vantards, des fous et
des niais. Tout phénomène a eu ses exploiteurs
et ses charlatans. Mais, comme après examen
le spiritisme est indéniable, puisque les Esprits
interviennent dans les affaires des hommes, les
énergumènes et les vantards se sont repliés
dans leur défaite, les fous se sont guéris, et les
niais se sont éclairés et fortifiés par l'étude et
l'observation. Les plus simples ne se laisseraient
point duper aujourd'hui par des charlatans. Ce
jeu, qui eut une heure d'engouement, est mainte-
nant admis moins comme un amusement que
comme un moyen sérieux de communication
jusque dans les profondeurs de l'Infini. Il n'est
pas plus ridicule actuellement de se placer en
nombre autour d'une table pour l'interroger en
évoquant les Esprits, que de poser à un guichet
télégraphique pour demander ce qui se passe au
bout du monde, ou de tenir contre son oreille le
cornet acoustique d'un téléphone pour entendre

ce que l'on chante à l'Opéra ou entretenir une conversation avec un ami, à tout endroit où la communication est établie.

Les Esprits ont aussi leurs appareils télégra-
phiques et téléphoniques, ce sont les médiums. Et
c'est en combinant leurs fluides avec ceux des expérimentateurs assistants, les leurs propres et ceux
de la nature, qu'ils peuvent faire d'un meuble
inerte un instrument transmetteur de leur pensée.

Les médiums sont en plus grand nombre qu'on
ne le pense. Il n'est, je crois, pas de famille qui
n'en possède un ou plusieurs.

Ce qui prouve la vérité de mon assertion,
c'est que partout où l'on a sérieusement essayé
l'expérience en question, elle a réussi. Seulement, les connaissances élémentaires d'expérimentation faisant défaut, on n'a pas su généralement se servir de ce mode de communication
extra-terrestre, et l'on s'est rebuté devant quelques déceptions, sans songer que par l'étude et
la patience seules on lève toute difficulté. De plus,
on a craint le ridicule : les rieurs ont eu raison
des timides. Mais, heureusement, n'est-il pas dit
qu'un soldat poltron peut être héroïque dans le
combat? C'est une simple affaire de domination
sur soi même. Allons ! un peu de résistance et de
courage ! Qui dit rieur, dit naturellement homme
léger et superficiel. Devant quelques contorsions
faciales, une vérité de haute origine peut-elle
échouer? Timides, ne redoutez plus cette rail-

erie banale à fleur de peau de quelques frivoles
mondains, au cœur sec, au cerveau creux. Et si,
avec le bon sens, on ne peut changer un récal-
citrant ou mettre un plaisant de son coté, eh
bien ! on le met de côté et tout est dit.

L'exercice de la médiumité tend à prendre de
grandes proportions. On semble être de jour en
jour moins hostile au progrès spiritualiste et
vouloir répondre tant soit peu à l'invitation des
Esprits. On écoute, sans sourciller, ce que l'on
dit des médiums. De là, à les rechercher, il n'y a
pas loin. D'ailleurs, l'homme ne peut rester éter-
nellement sourd à un appel divin, et il y répond
surtout lorsqu'il a bien compris que son intérêt
même est en jeu dans la question des alliances
spirituelles. L'être invisible a des clairvoyances
qui échappent à nos sens grossiers.

« Si quelques utiles conseils m'étaient donnés! »
se demande l'homme aux prises avec les diffi-
cultés de la vie. Alors il évoque tout distraite-
ment le souvenir d'une mère aimée, d'un ami
disparu de la Terre. A ce moment, un coup ré-
sonne et se répercute à l'endroit de la pièce où
l'évocateur inconscient se trouve; il tressaille,
c'est l'inconnu!... Quels sont ces mystères? Que
va-t-il arriver? Un second coup retentit ; l'homme,
troublé, se lève, ouvre toutes les portes pour
s'assurer qu'il n'y a personne, et revient à sa
place, en se faisant tout petit, dans le grand
fauteuil au coin de la cheminée. Mais voilà

qu'un craquement se fait entendre dans ce fauteuil même ; celui qui était là assis, silencieux et troublé, se lève, mû comme par un ressort. Il a presque été soulevé de terre. L'invisible est plus fort qu'il ne l'avait supposé. Il a compris soudain que l'Esprit, tout machinalement appelé tout à l'heure, veut ainsi manifester sa présence, car plus n'est besoin aujourd'hui de sacrifices et d'incantations, pour avoir réponse d'un habitant de l'autre monde. Le signal est instantané. Secoué en tout son être par de nouvelles pensées, tranformé en son cœur, il exhale au dehors l'expression de ses sentiments intimes. « C'est donc bien vrai ! dit-il, la mort n'est pas le néant. On ne meurt pas, ou du moins, si l'on quitte amis et famille, on peut encore revenir en esprit au milieu des êtres chers. On peut vivre de leur vie, se complaire en leur souvenir, se réchauffer en leur amour constant, et jouir par une douce fusion des âmes d'un bonheur indicible. » Ses pensées se développent, s'élèvent en l'infini. Il médite, se pose des questions. « Dans la loi de la perfectibilité humaine ascensionnelle, trouverait-on la clef du souverain bonheur ? Et de même que je suis aujourd'hui plus heureux qu'hier, parce qu'une vérité nouvelle a jailli de l'inconnu et s'est rendue perceptible à mon intelligence, l'intensité de mes joies spirituelles sera-t-elle accrue à mesure que mes connaissances psychologiques s'étendront ?

Dans son for intérieur le nouveau converti entend une voix qui lui répond :

« Frère, ami, de même que tes yeux ne distinguent point tous les objets matériels que d'autres peuvent distinguer, de même que l'univers n'est point circonscrit au panorama que tu domines, il y a des choses merveilleuses, encore obscures en ton cerveau, et les pénétrations de l'amour réchaufferont graduellement ton cœur, à mesure que ton esprit s'enrichira de connaissances et tendra vers l'Infini. Mieux tu pénétreras les secrets de la Nature, plus tu adoreras le Créateur et aimeras le monde spirituel qui vit en son amour même, dans l'éternité. »

Quand une phase nouvelle de régénération humaine est marquée au cadran des destinées sociales, Dieu permet que des plus petites causes résultent les plus grands effets. Et il multiplie les causes. Et il donne à tout effet, en même temps qu'il le détermine puissamment, des aspects nouveaux, capables de bouleverser certaines idées acquises et des principes établis, même de troubler, en apparence, les lois élémentaires de la physique, dont nous citerons particulièrement celle de la pesanteur, afin de prouver à l'homme que, même placé au faîte de la science académique, il ne sait encore rien en comparaison de ce qui lui reste à apprendre.

Or, c'est journellement, à notre époque, que des conversions au Nouveau Spiritualisme s'o-

pèrent, conversions causées par des phénomènes puérils en apparence. Le fait d'un bruit
entendu et répercuté au moment où l'on pense
à une personne décédée ne serait certes pas
suffisant pour attester la vérité de la présence
d'un Esprit. Mais, où ce fait prend une importance capitale, c'est lorsque le son se reproduit
à la demande de l'évocateur par une, deux, ou
trois sonorités de convention. C'est presque
toujours à la suite de coups frappés réitérés
chaque jour dans un appartement, que l'incrédule s'interroge sur la valeur du phénomène
des tables, et qu'il ne serait pas fâché de trouver
un bon médium pouvant lui montrer ou lui faire
entendre ce qu'il appelle tout bonnement :
« quelque chose. »

Nous sommes invités souvent à exposer ce
« quelque chose, » et nous nous faisons un
plaisir de donner à qui nous les demande, tous
les renseignements utiles pour arriver à l'obtenir
soi-même, car le spiritualisme expérimental est
plein d'écueils ; ce n'est pas à la légère qu'il faut
s'essayer à l'exercice de la médiumité ; et c'est
avec sagesse et prudence qu'on doit mettre le
pied dans le monde inconnu. Si l'on a su s'instruire un peu dans les premiers principes du
spiritisme, la lumière se fait dans l'esprit et, sous
le regard de Dieu, l'on peut se mettre à l'œuvre.

II

LA PRIÈRE DU CROYANT POUR L'INCRÉDULE

« Légions des espaces purs, militants au nom de Dieu, Esprits de lumière et d'amour, répandez-vous au sein de l'Humanité. Eclairez les ténèbres, dissipez l'ignorance. Secondez les missionnaires de la Nouvelle Révélation dans leur œuvre ingrate et décevante, en dirigeant des fluides forts et puissants au sein des assemblées profanes. Aidez les délégués obscurs des ordres divins cachés au sein des familles sceptiques. Fortifiez tous les Travailleurs de la grande cause du Progrès par le Spiritisme, afin que bientôt il n'y ait plus dans le monde que des hommes instruits de la vraie science : des croyants et des heureux. »

III

LES VOIX SPIRITES DANS LES CŒURS SOUFFRANTS

Conseils :

Le désir d'obtenir des manifestations d'Esprits vient particulièrement aux personnes qui ont perdu un être affectionné. Quelquefois ces personnes n'osent communiquer leur pensée secrète à ceux qui les entourent ; alors elles cherchent, par elles-mêmes, à satisfaire ce besoin de leur âme et s'attachent à faire revivre l'objet de leurs affections. Elles ont entendu dire que les morts reviennent donner de leurs nouvelles et elles demandent à la tombe de leur rendre ce qu'elles ont chéri. Elles appellent cet être aimé en couvrant de baisers et de larmes un funèbre souvenir quelconque qui leur est resté.

Allez dire à ces mères, à ces épouses éplorées qu'il faut *apprendre* avant d'expérimenter : elles vous répondront : « Moi, apprendre, quoi ? Je l'aimais, il n'est plus, je demande à le voir. Je veux qu'il vienne se montrer à moi, me dire s'il ne souffre plus, s'il est heureux ! »

Oh ! non, cette épouse ou cette mère ne pourra pas *apprendre*. Ce que son cœur demande, il le lui faut tout de suite. Elle se cachera de sa famille et de ses amis et, retirée dans sa chambre, elle fera l'évocation d'emblée, en toute confiance que, si *celui qui est parti* ne vient pas pour elle, il ne pourra venir pour personne.

Mères, épouses et vous toutes et tous dont les idoles vivantes ont été enfouies sous une lourde couche de terre, que ne puis-je vous faire entendre ma voix pour vous éviter les écueils de ces évocations spontanées et troublantes ; pour vous instruire et vous consoler, en vous disant ceci :

D'abord, ne pleurez pas. Le « mort », comme

vous l'appelez, est véritablement vivant et bien vivant. Encore sous l'impression de ses dernières douleurs, et à peine délivré de ses liens charnels, vous le torturez par vos lamentations et le retardez dans son dégagement spirituel. Le deuil sinistre l'afflige déjà et son passage d'un monde à l'autre lui devient, par ces larmes, un regret obsédant plutôt qu'une délivrance. Cette situation d'Esprit est la plus générale.

Ensuite, ne l'évoquez pas inconsidérément.. L'évocation est une pratique dangereuse, si elle n'est pas conduite sagement. Si l'Esprit évoqué n'est pas encore assez libre et lucide pour vous répondre, un autre Esprit pourrait prendre son nom, vous induire en erreur dans l'expansion de votre amitié, et vous faire dévier de la voie saine du spiritisme.

Pensez que la masse des Esprits est innombrable autour de nous et qu'il y en a de toutes sortes. Ne l'oubliez pas. De plus, l'ardente affection du disparu — en supposant que le disparu soit heureux et lucide de suite après sa mort — ne suffirait pas à rendre sa manifestation possible à nos sens, si vous n'avez pas en vous-mêmes des facultés spéciales qui le permettent. Encore si vous avez ces facultés, faut-il les développer avec soin pour être en mesure de les exercer dans les limites permises et possibles.

Quoique l'amour opère, dit-on des miracles, il ne les opère pas sans l'assistance de Dieu, sans

l'aide de nos guides invisibles et sans le concours
d'un médium bon, pur et noble d'âme, instruit de
la sainte science qui, de nos jours, va remplacer
le mot *miracle*.

Voilà tout ce que vous avez à faire, mère ou
épouse délaissée qui voulez le bonheur de l'adoré
disparu et recherchez par les preuves de sa présence des satisfactions sensibles pour vous.

Après avoir prié et séché vos larmes, en
attendant que vous vous soyez instruite des principes fondamentaux de la doctrine spirite, vous
causerez à votre fils ou à votre ami pour le consoler lui-même, l'encourager à son progrès, aider
à son bonheur. Vous lui parlerez de son ange
gardien, sous l'aile duquel il est abrité pour venir
à vous. Vous l'engagerez à se laisser guider par
cet ange, son mentor à travers l'Infini, son meilleur ami de l'espace, et vous ferez à cet ange
aimant et zélé l'invocation suivante :

Invocation

« Ange dévoué, fidèle transmetteur des bonnes
pensées sous l'œil de Dieu ; faites le bonheur de
celui que mon cœur aime et regrette ; tracez-lui
ses nouveaux devoirs en lui rappelant sans cesse
l'être malheureux qui lui a survécu. Aidez, je
vous en prie, aux manifestations de son Esprit
auprès de moi, par les moyens qui lui seront pos-

sibles, et demandez vous-même à Dieu, de me faire comprendre si je suis médium et ce que je dois faire pour développer mes facultés, dans le but de communiquer avec cet Esprit aimé et tous les bons Esprits qui voudront nous seconder ensemble. C'est mon plus grand désir, ce sera ma consolation. »

Vous appellerez aussi votre guide, ange gardien vigilant et affectueux, placé à votre chevet dès votre naissance, qui, peut-être, vous a suivi à travers vos étapes d'épreuves :

Invocation

« Bon guide, ange gardien, que Dieu dans sa bonté a placé près de moi, pour me protéger et pour aider à mon progrès spirituel, vous voyez dans quelle affliction je me trouve et à quelle épreuve terrible je suis soumise. Soutenez-moi dans les défaillances de mon âme et ne me laissez pas livrée au désespoir. Ouvrez-moi moi les horizons nouveaux, que les satisfactions terrestres m'empêchaient de voir. Que ma profonde tristesse soit le stimulant de la perfection vers laquelle vous me conduisez, et que les éclaircies du Ciel me pénètrent. Demandez à Dieu pour moi, qu'il permette à mon bien-aimé N... de se manifester, et faites-moi découvrir par quel moyen je puis obtenir cette faveur. Quand la Divine Science aura éclairé mon intelligence et ma raison, mon cœur en sera fortifié, et j'espère qu'il me sera donné de participer, en esprit, aux joies célestes de Celui qui m'a précédée dans le monde spirituel, et que nous nous retrouverons ensemble dans le temps et dans l'Eternité. »

Ainsi, pour bien diriger une évocation, est-ce au guide que l'on s'adresse, au lieu d'appeler directement un cher disparu, qui, peut-être, ne pourrait rien seul. En évoquant votre guide dans la retraite et le silence, vous n'avez jamais rien à craindre de votre solitude, parce que votre pensée, fermement unie à la sienne, constitue une véritable force. Durant cette évocation du guide exclusivement, vous observerez vos impressions ; c'est ainsi que vous découvrirez si vous êtes médium, après quelque temps de patiente étude sur vous-même. Si vous sentez comme une petite brise sur le front, cela signifiera que le guide imprime dans votre cerveau ce que vous devez connaître. A quelque endroit du corps que vous ressentiez un frémissement, cela vous prouvera que des soins particuliers vous sont donnés afin de vous mettre à même d'obtenir un jour ce que

vous demandez. Déjà alors vous êtes *impressible*
et c'est une médiumité.

Les personnes impressionnables ressentent
souvent des commotions que l'on pourrait nommer spirito-électriques, dont elles ne comprennent pas de suite l'importance; ce sont des réponses
d'Invisibles, quand on leur envoie un souvenir
ou qu'on les appelle affectueusement.

Il peut arriver aussi que vous entendiez quelques coups secs dans l'intérieur des meubles ou
des craquements, ou des bruissements et frôle-
ments autour de vous ou sur vous-même. Et cela,
sans autre préparation que de rester commodé-
ment assis et de recueillir votre pensée, sans
effort, après avoir prié.

Tout effort de la pensée peut amener un écart
d'imagination. Il faut donc se tenir simplement
et, en quelque sorte, placidement en face du phénomène espéré. Si le phénomène a lieu, il faut
en remercier Dieu et les bons guides et ne pas
exiger beaucoup dans le début. Les *coups* ou les
craquements spirites, ont cela de différent avec
les bruits causés par le travail du bois, qu'ils se
répètent presque toujours comme un écho et que
les deux sonorités se produisent aux deux extré-
mités opposées d'une pièce. Ils offrent encore
cela de particulier, qu'on ne peut pas les imiter,
car le bruit semble venir plutôt de l'intérieur du
bois que de la surface.

Quand les personnes isolées savent s'entourer

de bonnes conditions et qu'elles sont fortes d'esprit et de cœur ; que leur caractère n'a pas de point accessible ; qu'elles ont la raison froide et le jugement sain, leur isolement n'est pas un obstacle aux phénomènes et aux bonnes communications. Il est des conditions isolées bien meilleures et plus profitables que beaucoup de réunions où il est difficile d'unifier les volontés et d'harmonier les sympathies.

Mais les personnes assez bien douées et assez supérieures pour travailler seules avec fruit sont rares ; et, dans le doute de sa force, de ses qualités, de son pouvoir, on fera toujours bien de se créer un petit cercle d'amis intimes pour développer d'un commun accord quelque médiumnité. Trois personnes suffisent pour former un groupe d'expérimentation.

Si tout s'oppose à ce que les intentions d'expérimenter soient connues de votre entourage, amies et amis inconnus qui lisez ces lignes, croyez-moi, exagérez plutôt la prudence que la confiance dans ce que vous obtenez solitairement et contentez-vous de lectures au lieu de phénomènes. Et encore, si les lectures vous impressionnaient trop, cessez-les, et contentez-vous d'aspirations et de prières. Dieu qui connaît vos désirs, et vos bons guides qui travaillent à les réaliser, feront naître en votre faveur des circonstances favorables, vous permettront de connaître un bon médium, et parviendront peut-être à frapper l'esprit des personnes de votre entourage et leur inspireront le désir d'expérimenter à leur tour ou d'assister à des expériences. De plus, les bons Esprits vous fortifieront et au moment où vous ne vous y attendrez pas, ils vous causeront une surprise agréable.

IV

LA PRIÈRE DU SOLITAIRE EN DEUIL

« Que Dieu me regarde et qu'il ait pitié de moi !

« Je suis dans la souffrance, mon cœur étreint d'angoisses et mes pensées assombries ont éteint mon courage et ma force. La vie me semble un lourd fardeau. Père Tout-Puissant, je vous en prie, éclairez mon âme. Faites-moi voir où je pourrai trouver l'allègement à mes peines. Faites-moi lire sur le grand livre de la vie spirituelle. Pénétrez-moi d'effluves fortifiants et rendez-moi lucide. Je demande à pénétrer vos saints mystères, les divins mystères de votre bonté ; car vous n'avez pas voulu plonger aucune créature dans la douleur et le désespoir, mais, je le sens, vous avez donné aux grandes vérités que j'entrevois, un sens mystérieux parce qu'elles sont sacrées et ne peuvent être le partage que de ceux qui se sont purifiés. Père compatissant, mon âme éprouve que c'est par l'amour pur que l'on se rend digne de vos faveurs, et qu'il faut y aspirer avec un saint désir de les bien employer pour les obtenir. Oh ! révélez-moi comment je puis tout retrouver après avoir tout perdu. Ouvrez mon entendement, dessillez mes yeux, faites que je possède enfin la connaissance spiritualiste, si précieuse, de la communication entre les vivants de la Terre et les vivants du Ciel. Envoyez-moi vos bons anges par légions, afin qu'aucun mauvais Esprit n'abuse de ma solitude. Doublez la force et la sollicitude des bons guides qui m'accompagnent dans la vie ; permettez-moi de pouvoir causer avec mon ange gardien, d'entendre ses douces paroles en mon âme. Mon Dieu, vous connaissez tout l'amour que j'avais pour N..., qui n'est plus de ce monde, permettez à son Esprit de se manifester à moi et faites que j'entende sa voix dans les tressaillements de mon cœur. »

V

D'UN MONDE A L'AUTRE

Aperçu de la médiumité et des lois spirituelles

Les phénomènes spirites sont nécessaires aux découvertes de la vie spirituelle comme les faits à la science déductive. Toute la connaissance objective de l'existence future est obtenue par les facultés spirituelles. Les manifestations des Esprits prouvent la persistance de l'individualité au delà du tombeau, l'Immortalité.

La médiumité, comme l'inspiration, est générale et spéciale. Elle appartient au monde collectivement, mais elle n'est effective et productive que chez des particuliers, ainsi que tous les dons de Dieu chez l'homme attaché au foyer des lumières supérieures par son organisation cérébrale.

Tous les principes s'enchaînent et toutes les forces sont médiatives; nos organes, nos sens, nos facultés sont moyens de vie, de pensée et d'amour. Une immense solidarité relie les hommes et les mondes; et l'affinité forme, en quelque sorte, sur certains points, de petits mondes au milieu des grands mondes. Dans l'ordre spiritualiste, les attractions vont de la Terre au Ciel et du Ciel à la Terre; ainsi sont groupées des familles d'hommes, des familles d'Esprits; et des familles d'Esprits et d'hommes mêlés. Des centres de force existent au sein de la suprême force, et le grand réservoir divin, le fluide universel, les alimente tous.

Mais ce grand réservoir divin ne distribue pas à tout hasard et inconsidérément ce précieux fluide, que l'on pourrait presque nommer le sang de Dieu. Chaque être ne s'en assimile pour ainsi dire que ce qu'il veut bien, par la communion de son âme et la pureté de ses désirs et de ses intentions.

Des créatures se meuvent dans une atmosphère ambiante éthérée qui les éthérialise elles-mêmes, dès cette Terre, et les y fait vivre détachées de tout ce qui fait la joie des autres hommes. Elles ont des lucidités spirituelles supérieures, causées par leur émancipation constante aux régions de lumière, séjour des anges; ce sont là des médiums. Médiums du premier titre aux yeux de Dieu sans doute, mais des mystiques et des hallucinés pour leurs frères terrestres.

Après ces âmes saintes et pures, vient une catégorie d'êtres, bien doués aussi, mais un un peu moins purs et placés sous des rayons qui commencent à être moins nets.

Plus bas encore, des créatures, bonnes certainement, dévouées, fidèles à leurs devoirs, mais encore moins pures; pas assez loin des lumières divines pour dire que leur âme n'en est pas réchauffée, mais qui en sont trop éloignées pour y pouvoir distinguer la moindre chose.

Et ainsi, de degré en degré, sont classés les hommes.

De même pour les Esprits. La hiérarchie existe dans le monde spirituel comme dans le monde matériel et, dans les deux mondes, il **y a des** *éclairés*, des *demi-éclairés*, des *indifférents*, **des** *troublés*, etc., etc.

L'homme élevé se rencontre, dans ses émancipations éthéréennes, avec des Esprits supérieurs. Est-il besoin de dire que tous semblables en spiritualité se rencontrent?

Quand un homme supérieur, au point de vue spirituel, est visité par des êtres inférieurs du monde fluidique et qu'il en est conscient, c'est qu'il a sûrement une mission à remplir vis-à-vis d'eux ; c'est une mission de *médium* pour l'avancement des êtres inférieurs et pour l'instruction des hommes.

Tout être ressentant l'influence des Esprits est *médium*. Toute personne pouvant transmettre des communications d'Esprit est *médium*.

Je considère donc ici plus particulièrement le médium comme instrument des desseins de Dieu pour éclairer le monde : — Pour apprendre aux hommes la vérité touchant leurs destinées dans la vie fluidique ; leur démontrer la possibilité d'établir des relations avec les habitants de l'espace, et donner aux uns des enseignements sévères, mais utiles ; aux autres, des encouragements et des consolations.

Puisqu'il y a de bons et de mauvais Esprits, il est nécessaire qu'il soit permis à tous de se manifester. Cela exerce notre jugement, éveille notre vigilance et nous maintient plus fermement dans le cercle d'action où nous sommes placés. Puisque c'est la vérité, nous devons l'accepter ; nous sommes devant les Esprits à peu près comme si nous étions devant un amas de matériaux bons et mauvais, avec lesquels nous serions autorisés à nous bâtir une maison ; notre devoir, autant que notre intérêt, serait de choisir ce qu'il y a de meilleur. Ce serait de la peine assurément, mais nous en aurions une légitime récompense. Nous recueillerions le fruit de nos labeurs et cette maison solide nous paraîtrait en même temps agréable.

Nous ne pourrions pas faire qu'une mauvaise pierre ou un mauvais bois fût bon, mais nous pouvons faire qu'un Esprit troublé devienne lucide et qu'un méchant s'améliore. En tout cas, notre devoir est de chercher à y parvenir ; et, si les Esprits auxquels Dieu a permis accès auprès de nous sont incorrigibles, nous avons pour nous secourir des Esprits supérieurs, *militants de l'espace*, qui savent éloigner les gêneurs quand l'heure en est venue. Tant pis pour ceux qui ne se seront pas amendés à temps ; leur progrès se fera plus tard, et ce qui est fait n'est pas perdu.

Avant de vouloir converser avec les Esprits, il faut donc savoir que, dans le monde des Esprits, il y a du bon et du mauvais, comme sur la Terre; que le progrès est lent et que tous nous valons à peu près, de l'autre côté, ce que nous valions ici-bas.

Il nous faut travailler à notre propre **progrès** pour arriver à faire progresser les **autres**. L'exemple est le meilleur des stimulants et il vaut plus que des volumes de leçons.

Le médium est, plus que tout autre, tenu à se maintenir dans des conditions morales parfaites. Si l'on n'est ni bon, ni pur, ni loyal, on peut être un *fort médium*, mais on n'est pas un *bon médium*.

Les Esprits en communauté de sentiments et en similitude de caractère font bande ensemble et forment dans les espaces, comme nous sur la Terre, des sociétés et corporations. Lorsque ces *bandes* d'Esprits ont une mission à remplir sur la Terre, ils cherchent les médiums les plus aptes à recevoir l'impression pour le travail spécial en vue. De même, l'esprit humain sensitif des sphères spirituelles aspire à s'unir à des phalanges de son degré. Et ils n'ont pas de peine à se trouver. Il en est de cela comme il serait de la corde d'un instrument qu'on ferait vibrer: tout ce qui serait de la même tension vibrerait en harmonie avec elle. L'Esprit ondule avec l'Esprit. A l'harmonie la plus grande répond la plus parfaite ondulation. Par cette image, on comprend ces paroles de Jésus à ses disciples: « Vous pouvez être *un* avec moi comme je suis *un* avec mon Père qui est au Ciel. »

On voit de quel immense avantage est la victoire remportée sur chacun de nos mauvais penchants et quel intérêt nous avons à nous perfectionner, afin de nous trouver en relation spirituelle avec les Esprits supérieurs et de ne vibrer à l'unisson qu'avec les Intelligences groupées dans la plus parfaite harmonie.

VI

CONTEMPLATION & VŒUX D'UNE AME INCARNÉE

« Cieux étoilés, quand je vous contemple, aux heures des méditations de l'âme, je crois voir les flamboiements irradiés des anges de Dieu. Je vois ces anges, astres aussi, mêler leur beauté et leur éclat aux vôtres, et j'entends des chants de reconnaissance et d'amour. Je sens les tressaillements voluptueux de la Nature entière, j'admire l'œuvre de la création, je bénis le Créateur, et je pleure.

« Je pleure, moi, créature terrestre rivée à la chaîne d'esclavage ; car, si je baisse les yeux après vous avoir contemplées, ô beautés du Ciel ! je vois bien des âmes délaissées, des frères malheureux que je suis impuissante à consoler en leur disant ce que j'ai entendu, ce que j'ai vu.

« O frères souffrants, que ne m'entendez-vous ? que ne me comprenez-vous ? Est-ce donc parce que moi aussi je vis au milieu de vos misères que vous ne croyez pas en moi ? Mais, sachez-le donc, la chaîne qui rive un être n'est qu'apparente ; le corps n'est rien et l'âme vit dans un infini de liberté.

« Venez, amis, avec moi. Levez les yeux. Voyez-vous passer ces brillants nuages, sous le firmament constellé ? Eh bien ! savez-vous ce que ces nuages dérobent à votre vue ? Ce sont des âmes planant dans un monde fluidique, séjour de félicités. Ces âmes se désaltèrent aux coupes angéliques qui leur sont tendues, elles sont enivrées d'amour pur et...

« Et, tout à l'heure, de nouveau emprisonnées dans un corps de chair, elles vont recommencer les labeurs d'une pénible journée ; car, ces âmes, doucement bercées sur des nuages vaporeux, comme soutenues par des bras d'anges, c'étaient vos frères de la Terre, vos amis.

« Ne pleurons plus, habitants de la sombre Terre, ne gémissons plus dans les liens qui nous retiennent captifs. Nous sommes des exilés des sphères heureuses, et quand le sommeil s'épand sur nous, c'est pour aller revoir la patrie céleste.

« Je vous le dis : entendez-moi, croyez-moi ;
« nos plus grandes affections sont dans le monde
« spirituel, et quand, au réveil, nous nous sen-
« tons forts, c'est que pendant l'émancipation
« nocturne, nous sommes allés, là-haut, causer
« d'amour.

« Nous sommes allés causer d'amour en pleine liberté, dans la lumière !... Souvenez-vous.

« Mon Dieu ! quand donc les hommes comprendront-ils le vrai bonheur dans votre sainte Loi ?

« Anges répandus dans le Ciel et sur la Terre, je vous bénis et je crois à votre triomphe final pour le progrès de l'Humanité. Que tous les Travailleurs de Dieu soient à l'œuvre avec zèle et dévouement, car l'Heure annoncée par les Esprits initiateurs est venue et les vérités consolantes vont être connues de tous.

« Mon Dieu, donnez la force et la persévérance à vos Travailleurs. »

VII

COMMENT SAIT-ON QUE L'ON EST MÉDIUM ?

Les Conditions

Par l'abrégé succinct que nous venons de faire touchant le rôle des Esprits dans le monde, les consolations morales qui nous sont données et les moyens de progrès que l'étude spiritualiste renferme, nous sommes amenée à aborder la partie expérimentale du spiritisme.

Et d'abord, comment connaît-on que l'on est médium ?

En outre de ce qui a été dit comme *impressibilité*, section III, il existe des moyens pratiques de s'en assurer par l'expérimentation.

Règle générale, on sait que l'on est médium, de trois manières :

1° Par l'étude des impressions solitaires précitées ;

2° Par des essais, au milieu d'un groupe.

3° Par la révélation que peuvent en faire des médiums.

Si, dans le cours de son existence, on se souvient d'avoir eu un phénomène quelconque : bruit, apparition ou tout autre, ou bien si l'on a eu des inspirations, dites providentielles, des pressentiments vérifiés, des songes lucides ou des

visions de l'esprit, appelés souvent, à tort, hallu-
cinations ou *imaginations*, on est médium naturel.

Si l'on obtient des manifestations par quelque
moyen mis en œuvre au milieu d'un groupe de
famille et que ces manifestations augmentent
peu à peu, cela s'appelle *développer* ses facultés.

Le médium naturel se développe aisément et
peut acquérir plusieurs médiumnités, les unes
après les autres, car il est indispensable de ne
pas tout essayer à la fois.

Quand on veut causer avec les Esprits, il faut
d'abord se mettre dans les *conditions* qui assurent
le succès. En travaillant à tort et à travers, sans
pensée suivie, sans recueillement, on attirerait
à soi des Esprits légers et brouillons et l'on ferait
une grande peine au guide, qui veut nous inspi-
rer des enseignements sérieux.

En outre des *conditions* nommées *conditions
de séances :* recueillement, union de pensée,
patience, il faut se faire des *conditions morales*
intimes et tenir rigoureusement parole vis-à-vis
de soi-même. On doit être bon et indulgent pour
le prochain, charitable et juste pour tous, dévoué
pour le bien, corriger ses défauts, et surmonter
ses passions si l'on en a. La plus grande faute
aux yeux de Dieu, c'est le préjudice porté au
prochain, en parole ou en action. Un calomniateur
est plus vil encore qu'un voleur ; être calomnia-

teur et traître dans cette vie, cela prépare un temps infini de souffrances et d'épreuves.

Pour causer avec les Esprits, il faut également s'instruire, et s'instruire progressivement. C'est ainsi développer en même temps l'intelligence, le cœur et les facultés médiumiques. Quand un médium est *bon*, à la manière dont nous l'avons déjà dit, il pourra être un instrument convenable des grands et purs Esprits pour répandre la lumière de la Vérité.

Trois choses sont nécessaires chez l'expérimentateur :

Le sentiment religieux, l'instruction spiritualiste bien comprise et la pratique persévérante du *vouloir*, en vue du bien moral comme des effets à obtenir.

La volonté du Médium doit être unie à la volonté de son guide spirituel ou ange gardien.

S'il nous fallait donner une division générale de la médiumité et surtout en développer les modes d'exercice, il nous faudrait écrire un gros volume, peut-être plusieurs. Ce petit manuel est destiné à n'en faire connaître que les plus répandues et les plus faciles à obtenir [1].

Si ce premier petit livre est favorablement accueilli et s'il peut, en se répandant à profusion, apporter les moyens de continuer l'œuvre, il sera

---

1. Ces questions ont été amplement traitées par Allan Kardec, dans le *Livre des Esprits* et dans le *Livre des Médiums*.

suivi d'autres petits livres complétant cette instruction élémentaire, l'auteur voulant en employer le bénéfice, s'il y en a, à la propagande
spirite uniquement, heureux de faire la lumière
dans les ténèbres de la Terre et de donner un
peu de consolation aux cœurs souffrants dans
l'Humanité.

Je ne vais exposer que ce qu'il est urgent de
connaître, au début.

VIII

LES FACULTÉS DIVERSES

On divise les médiums en deux grandes catégories : Les médiums à *effets physiques* et les
médiums à *effets intellectuels*. Une faculté type
engendre une grande variété de facultés subsé-
quentes.

Tout ce qui est bruit et mouvement, ainsi que
les apparitions tangibles, appartient à la catégorie des effets physiques ; tout ce qui émane du
cerveau comme l'inspiration, l'écriture, la parole,
la voyance, appartient à la catégorie des effets
intellectuels ; mais, tous les phénomènes spirites
étant *intelligents*, il y a lieu de dire que la ligne
de démarcation entre les effets physiques et les
effets intellectuels est souvent fort peu appécia-
ble. Toutefois, on peut avoir les effets intellectuels sans aucun effet physique, tandis qu'on peut

avoir les effets physiques avec beaucoup d'effets intellectuels.

Les médiums sont :

Typtologues,	Incorporants, (improprement dits à incarnations),
Moteurs,	
Ecrivains,	
Dessinateurs.	Matérialisants,
Peintres,	Musicaux,
Auditifs,	Pneumatographes.
Voyants.	Guérisseurs,
Parlants,	Somnambules.

Nous avons évité à dessein d'employer les dénominations difficiles à retenir et qui ne sont pas à la portée de tout le monde telles que *psychographes* pour écrivains.

Ici nous simplifions. Tout le monde comprendra, sans qu'il soit nécessaire de l'expliquer, ce que signifient ces dénominations courtes et nettes : *Typtologue*, qui produit des coups ou sonorités ; *moteur*, qui cause des mouvements d'objets, des déplacements, des apports ; *écrivain*, qui écrit ; *dessinateur*, qui dessine ; *peintre*, qui peint ; *auditif*, qui entend les Esprits ; *voyant*, qui les voit ; *parlant*, qui parle sous leur inspiration.

La dénomination *incorporant*, autrement dit à *incarnations*, demande quelques détails de plus. Cela signifie le médium qui, endormi sous l'influence spirituelle (*spirito-magnétique*), cesse d'être lui-même, abandonnant son organisme humain aux Esprits pour qu'ils s'en servent en ses lieu et place, afin de lier conversation avec les vivants présents, et prouver ainsi leur individualité.

Matérialisant. Cela signifie qu'au moyen d'un médium endormi ou non, les Esprits peuvent se manifester aux hommes, en se montrant sous toutes les apparences de la vie humaine ; jusqu'à converser avec eux directement. Le médium matérialisant produit aussi des fleurs par une condensation de fluides dont l'explication demanderait beaucoup de développement. Le phénomène de la production des fleurs est parfois un simple transport de fleurs qui prend alors le nom d'*apport* [1]. Ce phénomène est compris dans la série des médiums *moteurs*.

Musical, qui fait de la musique par inspiration ou qui la traduit mécaniquement. J'ai mis ce terme après les matérialisations, pour indiquer les médiums extraordinaires par la faculté desquels les Esprits de grands artistes, matérialisés, chantent avec leur propre voix, et peuvent donner des concerts spirito-humains, beaux, au-dessus de tout ce que l'on peut imaginer [2].

Pneumatographe, le médium qui obtient l'écri-

1. *La Lumière,* a parlé de ce phénomène, tome II, pages 180, 229, et '.
2. Voir *La Lumière,* tome II, pages 176, 228, 236 ; tome III, pages 127, 165, etc.

ture, le dessin ou la peinture, par transmission directe de l'Esprit, entre deux ardoises ou sur du papier.

Et enfin, *guérisseur*, celui qui a le don de guérir ses semblables par les divers moyens que Dieu met à la disposition des hommes et des Esprits.

Les *somnambules* ne sont pas toujours des médiums, mais ils le sont lorsque leur faculté somnambulique, — lucidité pendant le sommeil naturel ou provoqué, — est dirigée *sans subjugation*, sur les mystères d'outre-tombe par un magnétiseur homme, ou quand le sommeil est provoqué par un magnétiseur Esprit.

Des nombreuses facultés que je viens d'énumérer, et encore incomplètement, je me propose de ne parler que de celles des *typtologues, moteurs, voyants* et *écrivains*, c'est-à-dire de six médiumités sur les quatorze sus-mentionnées. Voici comment :

Le dessin et la peinture dérivent de la faculté écrivante ou psychographie et se pratiquent de la même manière. Quant à la faculté auditive, elle n'a pas besoin de démonstration, puisqu'il s'agit simplement d'écouter des voix spirituelles comme Jeanne Darc en entendait.

Plaçant ensemble les *typtologues* avec les *moteurs* dans une de leurs fonctions spéciales, au chapitre de la *Table parlante*, je vais aborder en premier lieu la *voyance* sous une de ses formes

nommée : la *voyance au verre d'eau* ; puis, l'*écriture*.

IX

LA VOYANCE AU VERRE D'EAU

Cette médiumité est une de celles qui peuvent
être exercées dans la solitude même, quand
toutes les *conditions* en sont bonnes. Lorsque le
désir vient d'expérimenter par ce moyen, pour
lequel on sent un attrait qui est peut-être une
inspiration, on remplit à moitié un verre d'eau
à facettes ou non et on le place devant soi, exposé
à la lumière.

On fait une prière en couvrant le verre d'eau
de la main droite.

Prière

« Mon Dieu, faites que toute pensée étran-
gère à l'expérience que je tente soit dissipée de
mon cerveau. Eloignez de moi tout mauvais
Esprit et permettez à mon guide spirituel de
pouvoir se faire comprendre de sa protégée.
J'appelle sur ce verre d'eau la force des fluides
lumineux. Que les bons Esprits me viennent en
aide ! »

Après cette prière, vous retirez votre main et vous regardez cette eau, sans efforts et sans trop de tension d'esprit ; vous abandonnant à la volonté de Dieu et à la direction de votre bon ange.

Quelques personnes regardent à travers de l'eau, d'autres par-dessus. Les deux manières sont bonnes, et l'une peut délasser de l'autre.

On voit dans un verre d'eau des lettres fluidiques formant des mots, des tableaux de la vie réelle ou des tableaux symboliques, des physionomies, des fleurs, etc. Quant on voit une lettre, on demande au guide spirituel à voir la seconde, et ainsi de suite, jusqu'à ce que le mot soit obtenu ; le plus souvent on lit spontanément le mot.

Si, après vingt minutes d'attente, ou plutôt quand les yeux se fatiguent, vous n'avez rien vu, vous ne persistez pas.

Après votre expérience, vous remerciez votre bon guide des efforts qu'il a faits pour vous satisfaire, et vous vous en remettez à Dieu de la décision en faveur de votre faculté médiumique.

Vous recommencez tous les jours, ou deux ou trois fois par semaine, toujours à la même heure.

Si au bout d'une vingtaine d'expériences vous n'êtes parvenu à rien, vous demandez conseil à quelque personne expérimentée ou bien vous essayez d'écrire.

X

L'ECRITURE MÉDIUMIQUE

On *écrit* mécaniquement ou semi-mécaniquement ou d'inspiration. Ce n'est que par l'expérience qu'on apprend si on est écrivain mécanique ou écrivain semi-mécanique ou écrivain inspiré. La classe des écrivains inspirés est la plus répandue.

On se place devant une feuille blanche avec un crayon à la main, comme pour écrire à un ami ; la différence est que l'on attend, au contraire, qu'un cher Invisible donne de ses nouvelles à l'aide de la main que nous lui prêtons.

On fait une prière à Dieu et l'on appelle à soi son bon guide.

Prière.

« Mon Dieu, accordez-moi la faveur que je sollicite et rendez-moi digne de l'obtenir. Permettez que de bons Esprits m'entourent, que mon bon guide me pénètre de son influence et que les esprits légers ou méchants ne nous troublent pas. J'abandonne ma main à l'influence spirituelle, en vous ouvrant mon cœur pour le fortifier et être à l'abri de tout mal. Envoyez-moi les bons amis partis d'ici les premiers, et faites que, sous l'égide des anges protecteurs, ils puissent me donner de leurs nouvelles. »

Vous tenez votre crayon très légèrement, sans vous fatiguer, en appuyant naturellement le bras sur la table. Bientôt, si vous êtes médium, l'influence se fait sentir d'une manière générale ou locale, selon votre organisation physique, et la main paraît tremblante. Vous suivez toutes les impulsions données à la main, aussi faibles soient-elles ; vous commencez par tracer des signes insignifiants ; vous ne prolongez pas l'exercice au delà de vingt minutes. Vous recommencez tous les jours ou tous les deux ou trois jours, et vous persévérez sans limite de temps, à moins que vous n'en éprouviez des malaises.

Ce serait trop exiger que d'attendre de l'écriture strictement *mécanique*, ce qui est rare. Etre écrivain mécanique, c'est n'avoir aucune intuition de ce que l'on écrit. Peut-être êtes-vous semi-mécanique, observez-le. Etre semi-mécanique, c'est voir en son cerveau ou penser, parfois ouïr en quelque sorte, la suite d'un mot dont la première lettre ou les premières lettres sont tracées mécaniquement. On peut avoir l'intuition d'une ligne, d'une phrase entière. Mais alors on devient intuitif et l'on a cessé d'être semi-mécanique pour être inspiré. L'écriture d'inspiration peut être faite avec sûreté, si le cerveau du

médium est bien équilibré et qu'il ne confonde
pas ses idées propres avec celles de l'inspiration.

XI

LA TABLE PARLANTE

Les phénomènes de « la Table parlante » sont
produits par des médiums *typtologues* ou des
médiums *moteurs*.

Par les médiums *typtologues*, il se produit des
coups frappés dans le bois dits *raps* ; par les médiums *moteurs*, la table fait des mouvements de
bascule. C'est à tort que l'on appelle typtologue
tout médium de table, car la vérité est qu'on est
typtologue ou moteur, et aussi que l'on peut
être les deux à la fois.

La table a été choisie, non parce que les Esprits ont manifesté une préférence pour ce meuble,
ble, mais parce qu'il est commode de s'asseoir
tout autour pour attendre le résultat sans trop de
fatigue.

Une seule personne fait difficilement mouvoir
une table ; deux personnes y réussissent très
bien. Il n'y a pas de limite de nombre pour cet
exercice : on se met autour d'une table aussi
nombreux que sa circonférence le permet, en
alternant autant que possible les hommes et les
femmes.

Tous placent leurs mains à plat sur la table, chacun devant soi. Il est indifférent que les mains soient rapprochées ou qu'elles soient éloignées l'une de l'autre, et il n'est pas indispensable, comme quelques personnes le pratiquent, de former une chaîne en se touchant les petits doigts.

Il faut que le creux de la main adhère au bois, sans effort, que les bras ne se raidissent pas et que les poignets restent souples. La pensée doit se maintenir dans un état recueilli et tous les expérimentateurs doivent s'unir de cœur et d'intention au président de la séance et au guide spirituel de ce président.

On a choisi pour président de la séance une personne honorable de la société, la plus expérimentée, qui devra procéder méthodiquement et froidement pour obtenir les communications d'Esprits, en épelant l'alphabet ou en posant des questions auxquelles il est facile de répondre par *oui* ou par *non*.

Généralement, des fourmillements dans les bras, quelquefois des crampes se font sentir chez les sujets les plus impressifs ; puis un souffle frais, sensible pour presque tous, sinon pour tous les expérimentateurs, parcourt la table.

Bientôt la table fait entendre les coups frappés (*raps*), ou bien elle bascule du côté du médium le plus fort. Il suffit dès lors de l'interroger.

On convient des mouvements ou du nombre de

coups à faire entendre pour signifier *oui* ou *non*.

EXEMPLE :

1 coup ou 1 balancement pour *oui*.
2 coups ou 2 balancements pour *non*.
3 coups ou 3 balancements pour *affirmatif*.

Une série de coups ou de balancements rapides et faibles pour signifier : vous vous trompez, c'est à recommencer.

Le président seul est chargé d'interroger. Les questions à poser lui sont données par les assistants et personne ne doit interrompre, sous aucun prétexte, une phrase commencée.

Le plus sûr moyen pour obtenir des communications saines et lucides, c'est de laisser au guide spirituel de la séance, aidé du président, le soin de l'organiser.

EXEMPLE DE FORMULE-QUESTIONNAIRE

POUR CE CAS-LA.

Le président commence par faire une invocation, à peu près en ces termes :

« Nous prions Dieu de nous accorder la faveur de pouvoir communiquer avec de bons Esprits et de nous envoyer un guide spirituel pour nous enseigner la Vérité spirite. »

Quand la table s'est saturée de fluides et qu'elle a opéré un mouvement quelconque qui signifie : présence, on fait des questions.

DEMANDE. — *Un bon Esprit est-il venu présider notre séance, au nom de Dieu?*

RÉPONSE. — Oui.

D. — *Pouvons-nous connaître le nom de notre guide?*

Souvent un Esprit-guide ne donne pas de nom et se borne à répondre : « protecteur. »

D. — *Notre bon guide nous trouve-t-il réunis dans de bonnes conditions?*

Si l'Esprit répond non, on lui demande les changements à faire. S'il répond oui, et que l'on voie que tout va bien, on aborde un sujet.

D. — *L'Esprit qui dirige nos expériences a-t-il une communication à nous donner?*

Si l'Esprit ne donne pas de communication, on le questionne autrement.

D. — *Y aurait-il ici quelque Esprit désireux de se manifester par votre entremise et sous la protection de Dieu?*

R. — Oui.

D. — *Pouvons-nous connaître son nom?*

Ici le nom se donne par l'alphabet.

Si l'Esprit qui s'est manifesté est connu de l'un des assistants, le président n'en continue pas moins à lui transmettre les questions, en attendant que le consultant soit devenu assez entendu dans cette pratique pour questionner, sans confusion, avec la direction présidentielle, humaine ou spirituelle.

Quand la séance doit être terminée, on prie le guide d'en avertir par trois coups, lents, forts et mesurés, dont la solennité est le salut final.

On remercie le guide, on manifeste sa reconnaissance à Dieu qui a permis que de bons Esprits se soient manifestés et l'on convient du jour et de l'heure où l'on recommencera, en améliorant toujours davantage les conditions. L'expérience est le meilleur des maîtres.

L'enseignement suivant a été donné par l'Esprit Marcellus, un des collaborateurs invisibles de la *Lumière*.

Enseignement sur la Table parlante
Communication de Marcellus.

Le phénomène de bascule et celui de coups frappés dans la table ne doivent pas être nommés « typtologie » indifféremment. Que l'on nomme typtologie des coups et que l'on nomme mouvement de bascule quand la table s'incline du côté du plus fort, c'est logique [1].

Voici comment cela se passe quand vous êtes

1. Notre ami Marcellus a raison de faire cette distinction. En Amérique, le terme *rappings*, dérivé de *rap :* coup frappé avec vitesse, a été donné à la typtologie proprement dite, et celui de *tippings*, dérivé de *tip :* bout, extrémité, à la table basculant et frappant par le pied. Car il ne faut pas perdre de vue que les *raps* de la typtologie primitive se faisaient entendre dans les murs, en haut comme en bas, dans les meubles, etc., sans aucune interposition de la main des médiums.　　　J. D.

à une table. Je suppose qu'il y ait cinq expérimentateurs, représentés ici par les chiffres 1 à 6, chacun avec sa qualité fluidique :

> 1, très fort ;
> 2, très faible ;
> 3, répulsif ;
> 4, très fort ;
> 5, répulsif ;
> 6, faible.

Les *très forts* que nous pouvons aussi nommer *attractifs* doivent être réunis ensemble :

1 et 4 du même côté ;

3 et 5 en face, près l'un de l'autre ;

2 et 6 entre les points de section, de sorte qu'ils aident selon leur propension d'un côté ou de l'autre.

$$\textbf{1} \qquad \textbf{4}$$

$$\textbf{6} \qquad\qquad\qquad \textbf{2}$$

$$\textbf{3} \quad \textbf{5}$$

Si l'on met 1 en face de 4, on n'obtient rien. Il en est de même si le 3 et le 5 se regardent.

Il y a des natures diamétralement opposées les unes aux autres. Celui qui dans un groupe peut être répulsif pourra ne pas l'être dans un autre milieu ; du moins sa qualité répulsive peut être atténuée. Il faut absolument que ces deux qualités se rencontrent autour d'une table, dont on espère tirer des phénomènes de bascule ou de typtologie, — c'est du moins une chance de succès ; — de plus, cela empêche l'énervement et la fatigue. Trop de forces égales s'annulent les unes par les autres dans cet ordre de phénomènes. Il faut aussi le renouvellement des forces.

Si vous êtes douze dans une séance, travaillez alternativement par moitié. Commencez par vous placer à tout hasard six, puis demandez à l'Esprit directeur de ce genre de travaux si vous êtes bien placés. L'Esprit vous dira les changements à faire, ou signalera les personnes à éliminer.

Quand une personne est éliminée par un Esprit, cela ne veut pas dire qu'elle soit antipathique ou indigne ; cela signifie qu'elle n'est pas, pour le moment, dans des conditions essentielles d'affinités. Elle peut l'être en changeant de groupe, ou simplement en prenant une autre place derrière quelqu'un lui servant de transmetteur fluidique reconstituant.

L'Esprit seul peut dire où telle personne doit

se mettre. L'éloignement d'une personne a le plus souvent pour but d'éloigner un Esprit perturbateur.

Il faut placer les mains bien à plat sur la table, la paume adhérent au bois. Quand le dégagement *sulfureux* se fait par la paume des mains, l'Esprit peut produire la « typtologie. » Quand le dégagement que nous nommons , nous , *aérifique,* et qui est pour vous, au contraire, un sentiment de lourdeur dans les bras, nous faisons le « mouvement de bascule. » C'est-à-dire que c'est vous qui donnez tout ce qui est en votre pouvoir et que nous utilisons ce que vous donnez. Marcellus.

Épellation abréviative pour la table parlante

Dans le tableau ci-contre, les lettres de l'alphabet sont divisées en trois catégories. Sur les **26** lettres qui le composent, il y en a **6** qui exigent ensuite l'épellation complète Il est facile de les fixer dans la mémoire, puisque ce sont les voyelles.

La 2ᵉ catégorie est formée de **13** consonnes qui demandent après elles une voyelle ou une des lettres **H, L, R**, que l'on appelle en dernier lieu, afin de ne pas troubler l'ordre des voyelles.

1re Catégorie

A, E, I, O, U, Y

A, B, C, D, E, F, G, H, I, J, K, L, M, N, O, P, Q, R, S, T, U, V, W, X, Y, Z

2e Catégorie

B, C, D, F, G, K, L, P, R, T, V, W, Z

A, E, I, O, U, Y, H, L, R

3e Catégorie

H, J, M, N, Q, S, X

A, E, I, O, U, Y

Enfin, les **7** lettres de la 3ᵉ catégorie ne sont guère suivies que d'une voyelle, à l'exception de la lettre **S**, après laquelle, il faut appeler en outre les consonnes **B, C, H, L, M, P, Q, T** et **V**, à cause des mots : *sbire science, shérif, slave, smalt, sphinx, squille, statue, svelte* et autres — surtout avec **C, P, T,** — qui peuvent se présenter.

En résumé, lorsque la table répond et qu'en épelant l'alphabet, le coup est frappé sur une lettre, il faut regarder dans le tableau ci-devant à quelle ligne de grandes capitales elle appartient, afin d'appeler ensuite les petites lettres placées sous cette ligne. Chaque fois qu'un mot est complet, il faut recommencer l'épellation de l'alphabet.

Il n'est pas nécessaire de s'attacher rigoureusement à l'orthographe dans une dictée médiumique. Il suffit d'en bien comprendre le sens. Mais, pour ce qui est des noms propres, il vaut mieux épeler l'alphabet en entier. Car certains noms sont compliqués et paraissent souvent invraisemblables tout d'abord. Celui de Zhogher, par exemple, que nous avons eu dans nos expériences. Lorsqu'on arrive au **Z** on croit que l'Esprit n'a pas voulu répondre ou n'a aucune considération pour cette lettre, puis vient le **H**. Un **H** après le **Z**, paraît une impossibilité. Dans les noms propres, rien n'est impossible, car les Esprits sont de toutes les nationalités. Et il faut scrupuleusement attendre la fin d'un nom avant de déclarer qu'il ne signifie rien.

On se familiarise très rapidement avec cette méthode élémentaire, que rien de plus avantageux n'a encore remplacée et qui économise du temps et des paroles.

XII

CONSEILS AUX EXPÉRIMENTATEURS

par l'Esprit Marcellus.

Cherchez à produire des phénomènes intelligents. Les Esprits qui savent ne demandent pas mieux que d'enseigner dans ce but. Tout Esprit ne sait pas. Entourez-vous bien d'abord ; soyez sûrs de vos guides et sûrs de vos instructeurs ; ensuite questionnez-les. Posez vos questions avec méthode ; n'en faites qu'une à la fois, et, lorsque vous aurez eu réponse aux questions d'une manière claire et concise, demandez en quoi consistent les exceptions des règles générales. On ferme trop son entendement aux exceptions ! on se confine trop dans la règle fondamentale. Pourtant, il faut le savoir ; c'est par l'exception à ces règles que tout phénomène manque ou peut être incomplet.

EXEMPLE DE QUESTIONNAIRE

D. — *Par quoi se prépare-t-on à l'obtention des phénomènes spirites?*

R. — Par trois choses : L'instruction, la prière et le vouloir.

D. — *Ne faut-il pas aussi posséder la faculté médiumique?*

R. — Elle est nécessaire; mais elle ne servirait à rien de bon sans les trois conditions énoncées.

D. — *En dehors de ces trois conditions émanant de nous-mêmes, n'y a-t-il pas aussi des conditions extérieures?*

R. — Oui.

D. — *Lesquelles?*

R. — La passivité de corps et de pensée des témoins ou assistants, au profit du guide de la séance, l'union de désir, la communion d'âmes.

D. — *Comment concilier l'idée de cette passivité avec l'union de désir ardent du guide et du médium?*

R. — C'est-à-dire que l'assistant se défend le mouvement des pensées et les agitations du corps contraires à ce que désirent le guide et le médium. Il ne doit avoir d'autre désir que celui d'aider à l'action spirituelle pour le même but.

D. — *Cependant l'assistant qui n'est pas ins-truit et convaincu peut-il interdire à sa pensée les idées de controverse qui naissent naturelle-ment des manifestations expérimentales?*

R. — Les pensées mobiles produisent dans un cercle d'expériences l'effet du mouvement tour-nant d'un moulin ; le but est sans cesse manqué par la rotation fugitive et rapide, quand les pensées mobiles des uns et les pensées combi-nées machiavéliquement des autres se heurtent et se mêlent ; c'est le naufrage pour le phéno-mène comme pour le vaisseau ballotté par la tempête et brisé par les chocs. L'atmosphère fluidique est une mer calme ou agitée selon l'état des éléments qui l'influencent.

D. — *Si les conditions d'expériences sont si rigoureuses et si exposées fatalement, comment espérer jamais convaincre les incrédules troublant l'harmonie d'eux-mêmes?*

R. — On le peut.

D. — *Comment?*

R. — En se rendant plus fort que les mauvais éléments humains.

D. — *Comment se rendre plus fort que les mauvais éléments humains?*

R. — En s'associant directement aux forces divines.

D. — *Par quel moyen s'associe-t-on ainsi aux forces divines?*

R. — Par une instruction de plus en plus grande, par la prière de plus en plus vive et ardente et par le ferme équilibre de la raison et du sentiment, pivots solides de cette puissance souveraine, la Volonté.

D. — *N'a-t-on pas vu des séances d'expérimentations psychiques complètement nulles, malgré le bon état et les bonnes dispositions de chacun?*

R. — Le bon état de chacun n'est souvent qu'une apparence ; l'Esprit qui doit se communiquer ne s'y trompe pas comme les hommes.

D. — *Pourrions-nous savoir en quoi consistent les empêchements qui nous passent inaperçus?*

R. — Oui. L'état physique et moral du médium est dans ce cas la principale cause d'empêchement. Quand le guide voit son médium triste ou souffrant, il ne peut se servir de ses facultés, sous peine d'être mis en accusation par ses frères spirituels autorisés, qui peuvent lui retirer son mandat. Du reste, les bons guides aiment leurs médiums et l'on n'en voit pas qui sacrifient le médium à la curiosité du public.

D. — *D'où vient que les guides annoncent parfois de fort belles séances, quand le cercle est formé harmonieusement, et qu'ils ont à s'excuser, à la fin, de leur impuissance?*

R. — Il arrive quelquefois que les guides sont frappés d'impuissance pour la production des phénomènes sans qu'ils en puissent dire toujours la cause, soit que vous ne puissiez pas la comprendre, faute d'initiation première, soit qu'ils l'ignorent, soit qu'il leur soit interdit de parler.

D. — *Comment un grand guide peut-il ignorer quelque chose ?*

R. — Pourquoi un savant ne sait-il pas tout ? N'y a-t-il pas toujours à perfectionner ses connaissances dans le monde, à travers des mondes, jusqu'à Dieu ?

XIII

CONCLUSION

La bonne direction physique et morale de soi-même, voilà ce qui nous place sous les rayonnements féconds de la Lumière spirituelle et attire autour de nous les bons Esprits.

Avec de la sagesse et de la persévérance, nous pouvons arriver au résultat tant désiré : communiquer avec nos chers disparus.

Pour diriger notre inexpérience du spiritisme expérimental, nous avons LE GUIDE.

Pour nous préserver de tout malheur, pour être éclairés en notre Esprit, consolés en notre âme, embrasés de l'amour qui est la *Vie*, nous avons par-dessus tout DIEU.

XIV

COMMUNICATIONS D'ESPRITS

Qu'est-ce que Dieu ?

Si l'on vous demande où est Dieu et ce qu'il est, vous répondrez ceci :

« Dans la vie fluide, c'est l'Essence incréée ; « dans la vie matière c'est la Vie éternelle con- « tenant tous les principes de vie partielle : dans « tous les mondes, c'est le Principe de tous « les principes, l'Ame des âmes, la Force des « forces, et, sans être tout, il contient tout. »

A ceux qui voudront aller au delà, vous direz que l'orgueil est ennemi de Dieu et que les présomptueux ne méritent pas d'être éclairés. Toute révélation vient à son heure. La vraie révélation de Dieu ne se fera point sur l'infime Terre, mais en l'infini spirituel, où les individualités forment des groupes, les groupes des phalanges ; où les phalanges supérieures comprennent Dieu en formant une divine fusion d'amour.

Tout ceci vous éclaire sur cette vérité que nul homme n'a le droit ni le pouvoir de connaître Dieu au delà de ce que je viens de vous en dire, par sa permission.

OD.

Les Esprits de Lumière aux Ames délaissées

Ames délaissées, venez à nous !

Nous sommes le phare lumineux qui éclaire toute obscurité et rend la joie aux cœurs tristes. Nous sommes la vie et l'amour.

Nous avons des fleurs embaumées, nous avons des pierres précieuses ; nous voulons vous couvrir de nos fleurs, vous parer de nos bijoux ; nous voulons essuyer vos larmes et faire entendre à vos oreilles les doux chants, les tendres soupirs.

Nous vous appelons, sortez de l'ombre !

Ames tristes, âmes délaissées, ne pleurez plus, quittez le deuil. Parez-vous de nos perles et de nos fleurs, aimez nos dons, croyez en nos paroles, car nous sommes la consolation par l'amour.

Nous voulons vous mêler à nous, mes sœurs.

Quittez vos régions de souffrance, venez aux banquets fraternels ; buvez aux coupes de l'oubli et regardez où vont nos yeux. Regardez ce que nos yeux voient, aimez ce que nos cœurs aiment. Soyez fortes, appuyées sur nous, et veillez près de l'amour même.

Nos parures comme nos paroles, nos paroles comme nos parures ; nos sourires, nos tendres pleurs et nos enlacements, nos feux, notre enthousiasme, nos voluptés, c'est Dieu, amies, qui nous les donne.

Dieu nous a comblés de ses dons, en nous, hors de nous, en largesses, et c'est uniquement pour vous, car celui qui a doit répandre.

En vous et autour de vous, soyez heureuses.

Et, tous ensemble, mes bien aimées, soyons ce que Dieu veut, ce qu'il est dans l'Amour !   Marcellus.

Le vrai Salut d'un Mort

—

Je bénis la mort qui m'a appris à connaître la vraie vie !

L'ombre des ifs et des saules pleureurs ne recouvre pas les Esprits, mais seulement leur dernière tombe. Nous fuyons ces lieux lugubres et infects pour voler aux sphères lumineuses et parfumées.

En ce qui me concerne, je n'ai pas même suivi mon corps à deux pas hors de la demeure funéraire; mais je suis accouru, plein d'ardeur et de foi, auprès d'amis anciens que les circonstances de la vie avaient éloignés de moi. Je suis resté dans leur maison, confiant qu'un jour viendrait où je serais reconnu et aimé comme autrefois. J'ai espéré que les moyens de me faire comprendre me seraient donnés. Je ne me suis point trompé, et ce jour venu de la réalisation de mes espérances, j'ai remercié Dieu, béni la Providence. J'ai chanté un cantique d'allégresse, à ce grand Tout-Puissant qui a caché dans les mystères de la mort les plus douces voluptés d'une vie réelle et positive. Mon existence aujourd'hui est une existence utile et heureuse. Oui, je vis, je vis pour des âmes aimées ; je travaille, je travaille pour leur aider à accomplir cette mission importante — qui est la mission de tout spiritualiste éclairé, de tout esprit supérieur : apprendre à ceux qui l'ignorent le bonheur de la vie fluidique pour ceux qui ont connu la justice et la réalité des manifestations d'outre-tombe. Je ne fais que commencer mon étape dans le monde des Esprits pour le progrès humain et de la Terre ; mais Dieu a rempli déjà de joies ineffables mon cœur autrefois triste et découragé. Je sais ce que je fais et où je vais ; je sais pourquoi je travaille, et non, certes, je ne suis pas mort !

Qu'on cesse de pleurer à l'ombre des ifs et des saules pleureurs. Là, il n'y a que de la pierre et une chair en putréfaction !

Venez à moi, amis que j'ai laissés sur Terre, venez par le souvenir me retrouver autour de ceux que j'aime et que j'aide dans le travail de l'émancipation humanitaire et du progrès spiritualiste. Venez me trouver où sont ceux qui vivent de la vraie et grande vie fluidique, détachés des passions mesquines. Là, ensemble, si vous le voulez, nous pourrons tous être heureux un jour, quand vous aurez su comprendre ce que j'ai compris, grâce à Dieu.

Ne portez plus de fleurs sur ma tombe. En vérité, je ne suis jamais là !   Victor.

XV

DE L'ORAISON DOMINICALE

Les Esprits mettent au premier rang des prières « l'Oraison Dominicale. » D'après saint Mathieu (chap. V., v. 9 à 13) on voit que Jésus même est l'auteur de cette prière. Elle renferme en elle tout ce que l'on peut demander et exprime la Loi souveraine en un mot.

A quelque religion que les hommes appartiennent, l'amour de Dieu et le principe de Charité sont des devoirs naturels fondamentaux ; donc tous sans exception dans le monde peuvent réciter l'Oraison Dominicale.

Comme nous, les Esprits prient. La prière est une action magnétique qui nous rapproche de Dieu et nous place ainsi sous les rayonnements vivifiants de la Vie-Lumière. Des lucidités nouvelles pénètrent notre esprit quand nous avons élevé notre âme à Dieu, et nous nous sentons alors plus courageux et plus forts en face de la vie réelle, remplie d'afflictions.

XVI

UN CREDO SPIRITE

Je crois en Dieu créateur des mondes visibles et invisibles, qui a tout fait transformable et perfectible dans un but d'harmonie éternelle. Je crois au Père Tout-Puissant des humanités de tous les globes. Je crois que mon âme émanée de son sein fécond gravite autour du foyer brillant de Son Intelligence comme les astres autour du Soleil, et qu'elle en reçoit la lumière et la force. Je crois que je vais à cette grande Ame des âmes par des degrés ascensionnels et purificateurs ; que je gravis les échelons spirituels au moyen des existences successives, dans ce monde ou dans d'autres, et que je peux toujours, par les efforts de ma volonté et l'union magnétique de mon Esprit avec Dieu, racheter les fautes du passé envers la société, envers ma famille, mes amis et moi-même. Je crois à la solidarité des souffrances dans le monde visible et dans le monde invisible, en vue d'une harmonie finale de paix et d'amour.

Mon Dieu, je crois en votre Toute-Puissance, par les Merveilles de la Création qui frappent mes yeux ; mais je crois surtout en votre extrême Bonté, par les sentiments que mon cœur éprouve.

Je crois fermement à la Loi d'Amour, par laquelle tous les hommes s'élèvent et s'épurent, et je suis absolument certain que le mal étant le malheur, il n'y aura que des heureux sur la Terre lorsqu'il n'y aura plus de méchants. Etre bon, c'est aimer ses frères en humanité, et aimer ses frères, c'est Vous aimer. O merci mon Dieu, qui avez mis à côté de la solidarité des peines, la collectivité des joies. Merci de nous avoir réunis dans les mondes en familles, en groupes, en légions, en phalanges pour vivre tous ensemble, unis en un seul cœur ; pour nous fortifier les uns par les autres, aider aux ascensions des attardés et guérir les souffrants. Inspirez-nous ce que nous devons faire pour hâter la délivrance des âmes captives sous le poids des passions grossières et de l'ignorance ; soutenez-nous dans la lutte contre tout ennemi du progrès et ne permettez pas que nous confondions jamais le zèle pour l'établissement des vérités nouvelles avec les entraînements coupables de notre propre caractère ; faites que nous persuadions sans jamais offenser par nos actes ou par nos paroles.

Père Tout-Puissant, envoyez sur la Terre l'Ange de Rédemption, car je crois en Sa venue pour le salut du genre humain et la libération définitive de notre Terre d'épreuves.

Rendez de plus en plus grands et forts, courageux et invincibles, zélés et dévoués ceux que vous avez établis militants pour préparer VOTRE RÈGNE. Je crois en Votre Règne, mon Dieu, j'y crois avec certitude ; j'aspire de toute mon âme à le voir se lever glorieusement. Le *Règne de l'Esprit* annoncé, qui commence est la preuve bénie qu'en croyant en Vous et en Vos promesses je suis sur la voie du vrai bonheur, avec mes frères, par la Loi d'Amour.

XVII

INVOCATION[1]

I

Esprits de lumière et d'amour,
Venez par la bonté suprême.
Quittez le ravissant séjour,
Envoyés à nous par Dieu même.

1. La musique du *Choral de Luther* peut s'adapter à ces paroles.

Esprit Vérité,
Rayonnante Étoile,
Pour l'Humanité
Dissipez le voile,
Le voile de l'Immortalité.

II

Ouvrez nos yeux à vos beautés,
Mondes purs et brillants des anges,
Donnez-nous les sérénités
De vos âmes, saintes phalanges.
Esprit Vérité, etc.

III

Salut aux divins Messagers,
Phare éblouissant des nuits sombres
Qui vient éloigner tous dangers
Dans le Monde enveloppé d'ombres.
Esprit Vérité, etc.

IV

Nos cœurs gémissants, désolés,
Invoquent des Cieux la Lumière ;
Aimons pour être consolés ;
Prions, Dieu bénit la Prière.
Esprit Vérité, etc.

TABLE DES MATIÈRES

I. Les Voix spirites dans le monde profane. Considérations, page 5. — II. La Prière du croyant pour l'incrédule, p. 12. — III. Les Voix spirites dans les cœurs souffrants. Conseils, p. 12.; Invocation (à un ange gardien), p. 15; Invocation (à un guide), p. 16. — IV. La Prière du solitaire en deuil, p 20.— V. D'un monde à l'autre. Aperçu de la médiumité et des lois spirituelles, p. 22. — VI. Contemplation et vœux d'une âme incarnée, p. 27.— VII. Comment sait-on que l'on est médium? Les conditions, p. 30. — VIII. Les Facultés diverses, p. 33. — IX. La Voyance au verre d'eau, p. 37. — X. L'Ecriture médiumique, p. 39. — XI. La Table parlante, p. 41 ; Formule questionnaire, p. 43 ; Enseignement sur la Table parlante, par MARCELLUS, p. 45; Epellation abréviative, p. 48. — XII. Conseils aux expérimentateurs, par l'Esprit MARCELLUS, 51. — XIII. Conclusion, p. 55. — XIV. Communications d'Eprits : OD, qu'est-ce que Dieu? p. 56; MARCELLUS, les Esprits de lumière aux âmes délaissées, p. 57 ; VICTOR, le vrai salut d'un mort, p. 58. — XV. De l'Oraison Dominicale, p. 59.— XVI. Un Credo spirite, p. 60. — XVII. Invocation, p. 62.

Paris. — Typ. et Lith. A. CLAVEL, 0, cité d'Hauteville

PRIX DE CE PETIT LIVRE

Etant destiné à la propagande Spirite, ce petit
livre est vendu aux conditions suivantes :

Un exemplaire : **30** centimes.
12 exemplaires : **3** francs.
24 exemplaires : **5** fr. **50**, *franco*.

LA LUMIÈRE

Révélation du Nouveau Spiritualisme

Organe des Spiritualistes Indépendants

Revue bimensuelle, sous la Direction de Lucie GRANGE

ABONNEMENTS : **6** francs par an pour tous pays.

Adresser mandats
à Jean DARCY, 75, boulevard Montmorency, Paris-Auteuil.

REMARQUE IMPORTANTE

. *La Lumière n'est pas une entreprise particulière de
spéculation*. Elle a été créée par les Esprits qui en ont
confié la direction à une femme de bonne volonté. La
Légion d'Esprits qui protège cette publication poursuit
un but philanthropique, tout en établissant les bases d'une
Nouvelle Révélation. Une souscription permanente est
ouverte pour aider à la propagande du journal et le
substanter, de manière à ce qu'il arrive à une périodicité plus rapprochée. Les fonds de la souscription excédant les besoins devront servir à des fondations généreuses : et avec l'aide de Dieu, une grande *Alliance pour
le bonheur humain* sera le résultat des efforts réunis
de tous les alliés de « La Lumière. »

Paris — Typ. PULIPIN A CLAVEL, 9, rue Ferdinand Bac.